कुछ कही कुछ अनकही बातें

एक आम लेखक की कविताऐं

रमन के. अत्री

कॉपीराईट© 2018 रमन के. अत्री

सर्वाधिकार सुरक्षित हैं। इस पुस्तक का कोई भी भाग लेखक से लिखित अनुमति के बिना, किसी रूप में या सूचना के भण्डारण और पुनःप्राप्ति प्रणाली सहित किसी भी इलैक्ट्रॉनिक या यांत्रिक माध्यम से पुनः प्रस्तुत नहीं किया जा सकता है। समीक्षक इसका एकमात्र अपवाद है जो इसके छोटे अंश समीक्षा में उद्धृत कर सकता है। इस पुस्तक की कविताओं को ऑनलाईन या मुद्रित ग्रीटिंग कार्ड्स या उत्पाद पर पूर्ण या आंशिक रूप में उपयोग करने की अनुमति हेतु कृप्या लेखक से सम्पर्क करें।

पहली बार प्रकाशित : जनवरी 2019
संयुक्त राज्य अमेरिका और भारत में छपी

Copyright © 2018 by Raman K. Attri and Rayan & Rayman.
All Rights Reserved. No part of this book may be reproduced in any form or by any electronic or mechanical means including information storage and retrieval systems, without permission in writing from the author. The only exception is by a reviewer, who may quote short excerpts in a review. For seeking permissions to use the poems, in full or partial, in this book in any online or printed greeting cards or merchandise, please contact the author or the publisher.

First Published: January 2019
Printed in the United States of America and India
Cover graphics and design by Raman K. Attri
ISBN 978-981-14-0826-7 (ebook)
ISBN 978-981-14-0825-0 (paperback)

Rayan & Rayman Imprints
Rayan-rayman@outlook.com

Kuch Kahi Kuch Ankahi Batein

Timeless Untold Expressions

Raman K. Attri

1990 से 2004 के बीच लिखी गई हिंदी कविताओं और छंदों का संग्रह।

A collection of simple Hindi poems and verses written between 1990 to 2004.

To Neeru 'Jaan' – the one beyond the boundaries of told or untold expressions

विषय - सूची

किताब के बारे में	XV
लेखक के बारे में	XXIII
PART ONE	- 1 -
«« मैं और मेरा साया »»	- 3 -
«« सागर »»	- 5 -
PART TWO	- 7 -
«« जाने क्या समझ बैठे »»	- 9 -
«« जरूरत बात छुपाने »»	- 11 -
«« नज़र »»	- 13 -
«« बहाना »»	- 14 -
«« बात करूँ या ना »»	- 16 -
«« खामोश मुहब्बत »»	- 17 -
«« आशिआने की बात »»	- 18 -
«« समझा न सकूँ »»	- 19 -
«« जिद्द »»	- 20 -
PART THREE	- 23 -

«« इक चेहरा »»	- 25 -
«« कोई हो हमारा »»	- 27 -
«« कब पहचानोगी मुझे »»	- 30 -
PART FOUR	- 31 -
«« पहले भी कभी »»	- 33 -
«« तुम ही तो हो »»	- 35 -
«« धुंधले बादलों के पार से »»	- 38 -
«« उस पार बैठी वो लड़की »»	- 40 -
«« तुम्हारा इंतज़ार करते हैं »»	- 42 -
PART FIVE	- 43 -
«« तेरी दिलकश मुस्कान »»	- 45 -
«« जरूरी आप हैं ऐसे »»	- 46 -
«« जादू तू कहां से लाती है »»	- 47 -
«« खूबसूरत »»	- 49 -
«« उसके चेहरे की चमक »»	- 51 -
PART SIX	- 53 -
«« कश्मकश »»	- 55 -
«« अगर वो न होते »»	- 57 -

««**बहुत कुछ सीखा देता है**»»	- 58 -
««**तुम्हारा दिलदार ख़त**»»	- 59 -
PART SEVEN	- 61 -
««**तुम बिन नज़ारे कैसे**»»	- 63 -
««**इक दुआ**»»	- 65 -
««**खोके फिर पाने को चाहूं**»»	- 66 -
««**जरूरी**»»	- 67 -
««**अहसास**»»	- 68 -
««**जज़्बात**»»	- 70 -
PART EIGHT	- 73 -
««**सहारा**»»	- 75 -
««**शायर**»»	- 77 -
««**दीवाने लोग**»»	- 78 -
««**मैं क्या करूँ**»»	- 79 -
PART NINE	- 81 -
««**जान! जा मगर**»»	- 83 -
««**ईद पर चाँद जब निकले**»»	- 85 -
««**इक सपना**»»	- 87 -

«« परेशां हूँ मैं »»	- 89 -
PART TEN	- 91 -
«« वो हसीन पल »»	- 93 -
«« तेरी यादें »»	- 95 -
«« बस यादें बाकी है »»	- 97 -
«« बर्षों बीत गये »»	- 98 -
«« वो प्यार ही तो था »»	- 101 -
«« लम्हे »»	- 103 -
«« अभी तक »»	- 104 -
PART ELEVEN	- 107 -
«« उड़ चलूँ बापिस »»	- 109 -
«« चार दीवारी »»	- 111 -
«« सोचा था मैंने »»	- 112 -
«« वो शहर »»	- 114 -
«« हम न समझ पाये »»	- 118 -
«« उलझन »»	- 120 -
«« जिंदगी »»	- 122 -
«« नज़र के चिराग »»	- 123 -

END NOTE .... *- 125 -*

«« **तमन्ना** »» .... *- 127 -*

किताब के बारे में

यह पुस्तक 58 आत्मीय, कविताओं का एक संग्रह है, जिसे हर दिन बोली जाने वाली हिंदी और उर्दू भाषा में लिखा और पेश किया गया है। यह पुस्तक यह दर्शाती है कि कोई भी आम आदमी रिश्तों की सफलता और असफलता पर प्रतिक्रिया करता है हुए कैसे जटिल भावनाओं को महसूस करता है, प्रक्रिया करता है और व्यक्त करता है। कविताओं का यह संग्रह बहुत तरह की भावनाएं बताता है जो एक आम आदमी महसूस करता है जैसे कि प्यार और दोस्ती; लुभाव और मोह; अपनापन और अकेलापन; साथ और अलगाव; अस्वीकार और स्वीकृति; हताशा और गुस्सा; जुनून और लालसा; सफलताएँ और असफलताएँ; भ्रम और विचार; दिल और दिमाग और अन्य ऐसी शक्तिशाली भावनाएं। इन कविताओं को पहले वर्ष 1990 से 2004 के बीच लिखा गया था, जो लेखक की लडकपन में शुरुआती बीसवें साल की कुछ खास घटनाओं का समय था। पुस्तक एक टाइम-मशीन की तरह है जो किसी को बीस साल बाद अपने भोलेपन वाले समय पर वापस सोचने और उन क्षणों को बार-बार जीने का अवसर देती है।

इस पुस्तक में किसी भी तरह से, यह दावा नहीं किया गया है कि यह कवितायें किसी काव्य या साहित्यिक पैमाने पर खरी उतरती हैं। इस किताब के जरिये दुनिया को यह बताने की एक कोशिश है कि एक

सरल विचार यदि आप इसे अपने पूरे दिल से कहना चाहते हैं, तो वह एक कविता बन सकता है। यदि आप इसे कहने का इरादा रखते हैं लेकिन किसी तरह कह नहीं सकते फिर तो यह निश्चित रूप से एक भावपूर्ण कविता बन जाती है।

पुस्तक में कविताओं को बारह भागों में पेश किया गया है। ये बारह भाग जीवन के कमजोर समय में अनुभव की गयी बहुआयामी, बहुविध, और जटिल भावनात्मक यात्रा और रिश्तों को संक्षेप में पेश करते हैं। चाहे हमारी उम्र, अनुभव या परिपक्वता कितनी भी क्यों न बढ़ जाये, इस पुस्तक में कविताओं के माध्यम से व्यक्त किए गए ये अद्भुत पल हमेशा हमारे साथ रहते हैं।

भाग एक "जब... मैं अकेला था" व्यक्त करता है कि यह कैसा महसूस हो सकता है जब हम एकाकी होते हैं।

भाग दो "जब... एक चाहत राही अनकही सी" उन भावनाओं को पेश करता है जिसे हम अनुभव करते हैं जब हम एकतरफा प्यार में पड़ जाते हैं।

भाग तीन "जब ... एक चेहरा कहीं छिपा था कहीं" उस चेहरे के बारे में है जो अभी तक खुद को हमारे सामने नहीं लाया पर जिसे हम महसूस कर सकते हैं, जिसकी कल्पना कर सकते हैं, जिसकी आशा कर सकते हैं या जिसके बारे में सोच सकते हैं, जिसके लिए लम्बा इंतज़ार लगता है जल्दी खत्म नहीं होगा।

भाग चार "जब... तुम जो मिल गए" में भाव और मिश्रित भावनाएं शामिल हैं, जब उस खास पर पहली नज़र पड़ती है जिसका इंतज़ार हमें न जाने कब से होता है। सभी सपने सच होने लगते हैं।

भाग पांच "जब... दिल ने जाना था तुमको" में उन बदलावों को व्यक्त करने वाली कविताएँ शामिल हैं जिन्हें हम अकसर प्यार के दौरान महसूस करते हैं, जब उस खास को नजदीकी से समझते हैं, जिसकी हर बात में जादू हैरान करता रहता है।

भाग छह "जब... प्यार तो होना ही था" उन भावों को दर्शाता है जो प्यार में आये उस बदलाव का और उस एहसास का प्रतीक है जो साथ होने ही का प्यारा सा एहसास कराता है। अचानक हमें अपने आसपास में और अपने रिश्तों में एक अर्थ दिखने लगता है।

भाग सात "जब... दूर हुए थे तुमसे हम" उन भावनाओं की कहानी है के कैसे अपने प्यारे से दूर होना हमें मायूस एहसास करवाता है, चाहे कुछ देर के लिए ही सही. सब कुछ इतना फीका सा लगता है।

भाग आठ "जब... टूटना ही था इसको एक दिन" उस किस्मत भरी घटना का जिक्र करती है जो कभी न कभी हर किसी की जिंदगी में आती है। हर तरफ उदासी लगती है और दुनिया बस कल ही खत्म होती दिखाई देती है।

भाग सात नौ "जब... उसको जाना ही था आखिर" एक ऐसा घिनौना सच है और कुछ दिल को छू लेने वाली कविताओं के माध्यम से उस दर्द का बयान है जो हर किसी के रिश्ते में देर-सवेरे आता ही है।

भाग दस "जब... सिर्फ यादों का साथ था" उन काव्यात्मक भावों का प्रतिनिधित्व करता है जिंदगी एक जगह या एक व्यक्ति पर नहीं रुकती। कविताएँ उस दौर का वर्णन करती हैं जब वो लोग जो कल तक हमारी जिंदगी का अटूट हिस्सा थे, वो हमारी जिंदगी की हकीकत में ख़त्म होकर हमारी यादों और ख्यालों रहना शुरू कर देते हैं, कुछ मीठी, कुछ कडवी।

भाग ग्यारह "जब... काश कहीं ऐसा होता" हमें उन भावनाओं की याद दिलाता है जो हम जाहिर करते है उन जगहों के लिए जिनसे हम जुड़े होते हैं, चीजें जो हमें प्यारी थी, गलतियां जो हमने की थी, दोस्त जो हमें अज़ीज़ थे, जिन्हें हम उन जगहों की ओर व्यक्त करते हैं जिनके बारे में हम सबसे ज्यादा याद करते हैं, जिन गलतियों को हमने याद किया, दोस्तों को हमने याद किया, सपने जो हमने देखे थे, नाकामयाबियां जिसने हमें डराया था, असमंजस जो जिंदगी ले के आयी थी, और हमें उस समय की याद दिलाता है जब हम अपने आज से भाग के कहीं किसी सुरक्षित जगह पर जाने को मजबूर हो जाते थे।

अंतिम भाग "जब... इसको खत्म होना ही न था" पुस्तक का समापन एक दिल को शु लेने वाली कविता से किया है जो लेखक को किसी खास ने दी थी एक दिन। हालांकि यह आखिरी कवितायें लेखक ने खुद नहीं लिखी, पर इनका अर्थ लेखक के अर्थ से कितना मिलता है "प्यार तो समय के बंधन से परे, सीमाहीन और बिना शर्त के होता है"।

This book is a collection of 58 soulful, poetic expressions written and presented in simple day-to-day Hindi with a mixture of Urdu language. The book reflects on how any ordinary individual feels, processes and expresses the complex emotions while reacting to the successes and failures of relationships. This collection of poems narrates a range of emotions a commoner feels such as love & friendship; attraction & infatuations; belongingness & loneliness; togetherness & separation; rejections & acceptances; frustrations & angers; obsessions & passion; successes & failures; confusions and reflections; heart & mind and other powerful emotions. These poems were originally drafted between the year 1990 to 2004 which represented some eventful phases in the author's adolescence years towards the early twenties. The book is like a time-machine that would allow one to reflect back at his or her innocent times some twenty years later and reliving those moments again and again.

The work presented in this book, by no means, is claimed to be of any poetical or literary standard. It is just an attempt to tell the world that a simple expression or thought if you mean to say it with all your heart, can and will become a piece of poetic expression. And more than likely it certainly becomes a soulful, poetic expression if you intended to say it but somehow could not.

The poems in the book are presented in twelve sections. These twelve sections summarize a multidimensional, multimodal, complex emotional journey of life and relationships at the most vulnerable times in life. These vulnerable times, expressed through poems in this book, stay with us forever, no matter how much we grow up in age, experience, and maturity.

Part one "Jab... Main Akela Tha" (when I was lonely) expresses what it may feel like when we are lonely.

Part Two "Jab... Ek Chahat Rahi Unkahi" (when a desire remained untold) represents the mix of emotions that we experience when we fall in one-sided love.

Part Three "Jab... Ek Chehra Chupa Tha Kahin" (when a face was hiding somewhere) is about what we may feel, imagine, hope or think about a face which is yet to reveal itself, yet to make the way to our life, making us wait which does not seem to end soon.

Part Four "Jab... Tum Jo Mil Gaye They" (when I met you) includes the expressions and mixed emotions when we finally happen to hit that first sight of the 'special person' we have been waiting for. All dreams seem to feel like about to come true.

Part Five "Jab... Dil Ne Jana Tha Tumko" (when heart got to know you) includes the poems expressing the transformation we normally feel during the love while knowing that special someone more closely when every bit of her magically existence keeps mesmerizing.

Part Six "Jab... Payar To Hona Hi Tha" (when love happened) presents the expressions that signify the changes and beautiful sense of belongingness we tend to feel when we are in love. All of a sudden, our whole surroundings and relationships appear to have transformed into a more meaningful existence.

Part Seven "Jab... Door Huye They Humse Tum" (when you went far away) is meant for those poetic expressions which express how terrible we feel when happen to be away from his/her beloved ones, even if it is for a short time. Everything seems so charmless.

Part Eight "Jab... Tootna Hi Tha Isko Ek Din" (when it was destined to hurt one day) narrates the unfortunate heartbreak sooner or later everyone feels in a relationship. Everything seems so gloomy and end of the world appears almost tomorrow.

Part Nine "Jab... Usko Jana Hi Tha Aakhir" (when goodbye was the only choice") is an ugly inevitability that occurs in any relationship and is expressed through some heartfelt poems narrating the painful emotions one may pass through.

Part Ten "Jab... Sirf Yadon Ka Saath Tha" (when your memories remained) represents those poetic expressions that life does not stop at one place or one person. The poems narrate the phase when people, once seemingly inseparable to our life, stop existing in reality and start living in our memories and remembrances, some sweet and some bitter.

Part Eleven "Jab... Kash Kahin Aisa Hota (when wish it were so) reminds us of a range of emotions and reactions we express toward the places we belong to, things we missed the most, the mistakes we made, friends we adored, dreams we built, failures that scared us, confusions the life brought to us, and reminds us of the time when we wanted to run away from the present to seek a safe haven somewhere.

The last part "End Note" (Jab... Isko Khatam Hona Hi Na Tha" (when it became endless and timeless) concludes the book with a soulful poem given to the author by one of the special souls in his life. Though not written by the author himself the poem emphasizes the author's philosophy that love is timeless, boundaryless and unconditional.

लेखक के बारे में

रमन क. अत्तरी एक अंतराष्ट्रीय मैनेजमेंट सलाहकार है जो शिक्षा से एक इंजीनियर है. वह किसी तरह से कवी नहीं है. लिखना उसका बचपन का शौक था जो उसने अलग अलग रूपों में जारी रखा. अपने स्कूल और कॉलेज के दिनों में उसने कुछ कविताएं लिखीं जो बाद में शायरी में बदल गयी. अब वह अपने पुराने कला और लेखन के काम को पुस्तकों के रूप में प्रकशित कर रहे हैं, जिनमे कविताएं, चितरकारी, चित्रण, खत, सच्ची कहानियां और डायरीज शामिल हैं.

Raman K. Attri is an international management consultant by profession and an engineer by background. He is not a poet by any standards or contexts. The writing was his childhood interest that he continued to pursue it in various forms and shapes. During early school and college years, he wrote verses and poetic pieces, which eventually became poems and other poetic expressions. He is engaged in transforming his previous artistic and writing work into published books that include poetry, paintings, portraits, letters, true short stories, and personal diaries.

Part One

Jab...Main Akela Tha

जब... मैं अकेला था
When... I was alone

«« मैं और मेरा साया »»

1999

इस शांत जगह पर भी
हलचल सी है मेरे दिल में।
लगता है जैसे दिल का चैन
कहीं खो आया हूं मैं।

अजब सी प्यास उठी है
मेरे मन के कोने में।
लगता है जैसे वो बहता सागर
कहीं पीछे छोड़ आया हूं।

दिशायें भी अपनी जगह पे
लगती नहीं इस महफिल में।
लगता है जैसे कोई रास्ता
कहीं पीछे भटक आया हूं मैं।

इक छवि साया बनकर
साथ रहती है मेरे हरदम।
लगता है जैसे कि खुद का साया
मैं कहीं छोड़ आया हूं।

खामोश सी इक आवाज,
कहती है ठहर जा जरा यहीं।
मंजिले अपनी जगह से देख
कहीं हिली तो नहीं।

आईने की तरह साफ अक्स
धुंधला सा पड़ गया है अभी।
हाथों के पोरों से छूकर देख
कहीं सिर्फ ओस तो नहीं।

पगडंडियों के बीच में
रास्ता गुम गया है कहीं।
राहें उस मंजिल तक
और भी तो जाती होगी सही।

∞ ∞ ∞

«« सागर »»

6.8.1998

ऐ सागर! तुम बिल्कुल मेरे जैसे हो,
कुछ तो है जो तुझमें है और मुझमें है।

तेरी गहराई देख कर लगता है मुझे,
तुम्ही हो जिसे अपने दिल की बाते समझा सकूं।

तुम्हारी ये उफनती लहरें,
कुछ ऐसी ही हैं दिल में तमन्नाएं मेरे।

तू भी मेरी तरह कितना अकेला है,
दूर-दूर तक ना कोई तेरा है, ना मेरा है।

तेरा कभी-कभी आने वाले ठहराव की चुपियां,
याद दिलाता है मुझे अपनी खामोशियां।

तेरा चांदनी देखकर यूं उछलना बनता है,
किसी के लिए, मुझे अपनी बेकरारी याद दिलाता है।

तेरे पास आकर, इस पल लगा है मुझे,
मैं अकेला ही अकेला नहीं, तुम भी मेरे साथ हो।

ऐ सागर! तुम बिल्कुल मेरे जैसे हो,
कुछ तो है जो, तुझमें है और मुझमें है।

∞ ∞ ∞

Part Two

Jab... Ek Chahat Rahi Unkahi Si

जब... एक चाहत रही अनकही सी
When... a desire remained untold

«« जाने क्या समझ बैठे »»

6.2.1993

बेकार इसे उल्फत का इजहार समझ बैठे,
वो हंस कर मिले हमसे, हम प्यार समझ बैठे,
किसी चीज की जरूरत नहीं समझी थी हमने
दो पल हमारे पहलू में जो बैठे, जिन्दगी हम अधूरी समझ बैठे।

उन्होने बात की कुछ इस तरह से,
दिल में उनके कुछ न था, हम कुछ और ही समझ बैठे,
कुछ सपने, कुछ ख्वाब, कुछ ख्याल दे गई,
कुछ ना देखा, बस! उन्हे ही अपनी जिंदगी समझ बैठे।

बात यह नहीं कि वो हमारी चाहत ना समझ पाये,
मुस्कुराते तो वो हमेशा ही इस तरह से थे बैसे,
मगर यह तो हमारी नासमझी थी,
उस मुस्कान को मुहब्बत का इकरार समझ बैठे।

मुहब्बत भी अजीब चीज होती है शायद,
जब तक नहीं होती, रह नहीं पाते जैसे,
जब हो जाये तो कह नहीं पाते,
बेवजा मुहब्बत को जिंदगी के लिए इतना जरूरी समझ बैठे।

उनके लिये अभी हम कुछ भी नहीं
और हम उन्हे अपना ''बहुत कुछ'' समझ बैठे,
रोयें तो भला कैसे, खोलें तो जुबां क्यूंकर,
डर गये, जाने वो क्या से क्या समझ बैठे।

«« जरूरत बात छुपाने »»

6.1.1993

कोई अपना फसाना कहेगा क्या,
किसी को फुर्सत कहां है सुनने की।
पल-भर की दास्तां अपनी नहीं
बड़ी मुद्दत चाहिये सुनने और सुनाने की।

हम यूं ही तन्हा रहना चाहेंगे अब,
चाहत नहीं अब कुछ कहने की।
सब कुछ सहने के आदी है हम,
पर आदत नहीं आंसू बहाने की।

यह दर्द नहीं बांटा जा सकता,
यह चींज नहीं है लुटाने की।
इक तेरे चेहरे पर मुस्कान चाहिए,
परवाह नहीं है जमाने की।

चाहता था जिन पर लिखना मैं,
दास्तां इक प्रेम-कहानी की,
तकदीर ने लिख दी इन पनों की
तदवीर हमेशा खाली रहने की।

बस इक ताकत चाहिए,
दबीं बात को छुपाने कीं,
जिसे कहने को कभी,
जरूरत थीं हमें इक बहाने कीं।

∞ ∞ ∞

«« नज़र »»

सब उनको देखते हैं, सबकी नजरों में वो रहते हैं,
उनको खुद भी मालूम नहीं, किनकी नजरों में वो रहते हैं।
मैं उन्हे गली–गली क्यूं ढूंढू, मुझे पता है कहां वो रहते हैं,
बस रहने वाले को ही पता नहीं, वो किसके दिल में वो रहते हैं।

यह मासूमियत उनकी असली है या नकली,
जैसे कुछ पता नहीं, नादां तो ऐसे वो लगते हैं।
आंखों में देखकर भी अपनी तस्वीर पहचान नहीं वो पाते है,
इतने नादां है कि इन आंखों में अपना अक्स देख नहीं वो पाते है।

हर रात तंग करने, मेरे सपनों में चले वो आते है,
आने वाले को ही खबर नहीं, वो किसके सपनों में वो आते है।
ख्वाबों में तो बड़े प्यार से बुलाते है, अपना वो बनाते है,
पर होश में आते ही, क्यूं पराये बन वो जाते है।

नजर में रहने वाले को पता नहीं, वो किसकी नजरों में वो रहते है।

∞ ∞ ∞

«« बहाना »»

11.2.1995

कभी दर्दे सर है उनको,
कभी सिला मेंहदी का,
इस तरह से मिल हीं जाता है उनको,
बहाना हमारे संग ना आने का।

दो कदम साथ चल ही लेते शायद,
पर वादा है उनका घर जल्दी आने का।
किसी बहाने से बात कह ही देते,
तरीका गर आता होता हमें बहाने से बहाना बनाने का।

नाराज भी नहीं लगते, न ही रूठे से,
कर लेते हौंसला शायद पास बिठाने का।
बस अगर कुछ मौका मिला होता,
आंखों सें आंखें मिलाने का।

देखकर हमें क्यों छा जाता है,
आलम उन पर परेशानीं का।
या तो नासमझ है या करते हैं बहाना,
समझ कर भी नादानीं का।

यूं फिसलते ना कभी इक अजनबी पर,
गर तरीका आया होता दिल बहलाने का।

> Credits: Adapted from or built upon an anonymous work from an unknown source in late 1980s.

∞ ∞ ∞

«« बात करूँ या ना »»

14.4.1993

यह तो होता है हमेथा मेरे साथ,
दिल की बातें मेरी, दिल में ही रह जाती हैं।
कई बार दिल लगाता हूं,
हर बार बात कहने, न कहने की उलझन पड. जाती है।
कभी किसी को फुर्सत नहीं सुनने की
और कभी बात अधूरी ही रह जाती है।
कभी हालात ऐसे कि हर बात कह नहीं पाता,
कभी जुबान खुद ही खामोश रह जाती है।
शायर हर किसी बात को लिख सकता है,
लेकिन मेरी बात तो हमेशा दिल में ही रह जाती है।
कभी दिल बताने से डरता है
और कभी बताने की चाहत ही नहीं होती है।
जब–जब मैंने दिल की बात कही
तब–तब मुहब्बत इकतरफा हर बार बचती है।

∞ ∞ ∞

«« खामोश मुहब्बत »»

3.1.1993

जब मैं लोगों से मिलता हूं,
सब का दिल रखता हूं
पर तुमसे शिकायत है कब से,
तुम्हे यह बताने से डरता हूं
तेरी मुहब्बत की चर्चा,
मैं अपने दिल ही दिल में करता हूं
इस तरह दिन–रात फिर, महीने गुजरे
फिर सालों में खो जाता हूं
अब मैं बहुत दूर जा रहा हूं
पर यही शिकायत करता हूं
अपनी इस खामाश मुहब्बत से
मैं तौबा–तौबा करता हूं।

Credits: Adapted from or built upon an anonymous work from an unknown source in late 1980s.

∞ ∞ ∞

«« *आशिआने की बात* »»

4.1.1993

आशियाने की बात करते हो,
दिल जलाने की बात करते हो।
मुझको अपनी खबर नहीं यारो,
तुम जमाने की बात करते हो।
सारी दुनिया के रंजोगम देकर,
मुस्कुराने की बात करते हो।
मुहब्बत तो खुशबू की तरह होती है,
तुम इसे छुपाने की बात करते हो।
दर्द कितना है इस दिल से पूछो,
तुम हंसने-हंसाने की बात करते हो।
वादा फिर कर रहे हो आने का,
क्यूं सताने की बात करते हो।
कहते हो बड़े शायर हो, कुछ सुनाओ जरा,
अजी! क्यूं रूलाने की बात करते हो।

Credits: Adapted from or built upon an anonymous work from an unknown source in late 1980s.

∞ ∞ ∞

«« समझा न सकूँ »»

आज का गम शायद
बयां न कर सकूं,
आंसू भी पी गये
जिसे पेश न कर सकूं,

मान कर अपनी खता
शायद आप को मना न सकूं,
आपके लिए बड़ा दिदार है
पर दिखा न सकूं,

मानता हूं अपना सब कुछ आपको
मगर आप से मनवा न सकूं
की है आपने हमें पहचानने में गल्ती
यह समझा न सकूं।

Credits: Adapted from or built upon an anonymous work from an unknown source in late 1980s.

∞ ∞ ∞

«« जिद्द »»

11.4.1993

जमीं पर सितारे सजाने की जिद्द थी,
हमें उनको अपना बनाने की जिद्द थी।
लाखों घर जला डाले जिसने,
वही आग दिल में लगाने की जिद्द थी।

उन्हे कब थी फुर्सत सुने जो दिल की बातें,
हमें फिर भी बातें सुनाने की जिद्द थी।
हम लगते तो न थे कुछ उनके,
हमें फिर भी उनको अपना बनाने की जिद्द थी।

वो हर दिन रास्ता बदल लेते थे,
हमें फिर भी हर राह पर इंतजार करने की जिद्द थी।
वो लाख इन्कार करते रहे प्यार से,
हमें फिर भी इजहार करवाने की जिद्द थी।

इक हंसी भी हमारे लिये नहीं देते थे,
हमें चाहे उनके लिए आंसू बहाने की जिद्द थी।
हजारों तरह से हमने बात समझाई,
उन्हे भी जैसे न समझने की जिद्द थी।

सही वक्त पर वो चले गये इस शहर से,
 वर्ना हमें दीवानगी की हद तक जाने की जिद्द थी।
उसके बाद भी लोगों से मुस्कुराते मिलता था,
 अपने गम को छुपाने की जिद्द थी।

Credits: Adapted from or built upon an anonymous work from an unknown source in late 1980s.

Part Three

Jab... Ek Chehra Chupa Tha Kahin

जब... एक चेहरा छुपा था कहीं
When... A face was hiding somewhere

«« इक चेहरा »»

8.8.1998

सपनो के धुंधले बादलों के पार,
इक चेहरा चमक जाता है।

कभी अपना–सा, कभी पराया–सा
तरंगों को छूकर, बेकरार कर जाता है।

कोई तो है कहीं न कहीं,
जो हाथों की लकीरों में चमक जाता है।

पलकों में यादें लिये होगा
कहीं तो कोई इंतजार करता है।

इक नगमा या भींगी–सी गजल
कोई अपने होठों से गुनगुनाता है।

हो पास नहीं भी पर
आस–पास होने का अहसास कराता है।

भीनी–सी खूशबू उसके बदन से
मेरी सांसों में इक हवा का झोका चुरा कर लाता है।

कभीं ख्वाब में आकर, कभी ख्याल में आकर
मेरे पास आते–आते भी कहीं दूर रह जाता है।

∞ ∞ ∞

«« कोई हो हमारा »»

22.8.1998

कोई हो –
    बड़ी–बड़ी गहरी आंखों में,
        इक अजब–सी मासूमियत लिए हुए
    चांद–से रोशन चेहरे पे,
        हजारों थिरकती मुस्कानें लिए हुए
    अपनी मधुर आवाज में,
        शहद जैसी मिठास घोले हुए
    अपनी भोली–भाली बातों में,
        अजब–सी चंचलता लिए हुए
    अपने हल्के सांवले रंग में,
        रूहानी खूबसूरती समाए हुए
    लम्बे काले घने बालों में,
        फिजाओं की महक बांधे हुए
    उसकी हर अदा में जादू
        जिंदगी के मायने बताते हुए

कोई हो –

गुलाब की पंखुड़ियों जैसे होठों से,
हमारा ही नाम गुनगुनाते हुए
और कोमल नर्म बांहों को,
हमारे लिए लिए ही फैलाते हुए,
स्वप्निल आंखों से,
हमारा भी इंतजार करते हुए
सूनी राहों में,
तकती आंखों में बेचैनी लिए हुए
हर कदमों की आहट में,
मेरे आने की तमन्ना लिए हुए
मेरी एक झलक की ललक मे,
सदियों लम्बी बेकरारी लिए हुए
मुझे पाने की चाह में,
दीवानगी का आलम ओढ़े हुए

कोई हो –

जो अंधेरी सर्द रातों में,
मेरे ही सलोने सपने देखते हुए
सुबह किरण की लाली में,
मेरे ही वजूद की कल्पना करते हुए
अपने दिल की धड़कनों से,
हमारे दिल पे दस्तक देते हुए
हवा के झोंकों में,
मेरी ही खूशबू का अहसास पाते हुए
पायल जैसी खनकती आवाज में,

मेरे दिल की तरंगों को छेड़ते हुए
कोई ऐसी अजब हसीं मुस्कुराहट में,
मेरे लिए ही मुहब्बत लिये हुऐ
मेरी होने के अहसास से,
मुझे लाखों जिंदगियां जीने की तमन्ना दिए हुए।

∞ ∞ ∞

«« कब पहचानोगी मुझे »»

8.8.1998

कुछ कहना चाहता हूं तुमसे,
कि कब पहचानोगी मुझे तुम।
मेरी महक पहचान कर,
कब मुस्कुराओगी तुम।

कहीं खूशबू की तरह
हवा में ना गुल्ल हो जाउं,
कभी तुम्हारे ख्वाब में
ख्वाब बन कर ही ना रह जाउं।

अपने दिल में धड़कन की तरह,
छुपा लो मुझको कुछ इस तरह से
कि अपनी धड़कन का
अहसास भी ना रहे मुझे किसी तरह से।

∞ ∞ ∞

Part Four

Jab... Tum Jo Mil Gaye They

जब... तुम जो मिल गए थे
When... I met you

«« पहले भी कभी »»

याद है मुझे कि वो तुम ही तो थी,
जिसके इंतजार में सालों खोया रहता था।
तुम्हारी खूशबू का अहसास मुझे,
हवा के झोंके में होता था।
तेरे वजूद का हर सुबह,
किरण की लाली में अहसास होता था।
अपने धुंधले सपनों में
तेरी धुंधली सूरत का आभास होता था।

अपने दिल की धड़कन में मैंने,
तेरी अनजानी–सी धड़कन सुनी है।
तेरे हल्के सांवले रंग की
रूहानी खूबसूरती मैंने पहले भी देखी सी है।
तेरी नर्म बांहो के आगोश की गर्मी
शायद! मैंने पहले भी महसूस की है।
तेरे लिए मैंने बेकरारी से भरी
लम्बी रातें ख्यालों में गुजरी है।

तेरी प्यारी आवाज की खनक
पायल की तरह पहले भी सुन चुका हूं,।
तेरी बातों की मिठास, वो भोलापन

लगता है मैं इनको करीब से पा चुका हूं।

तेरी बड़ी गहरी आंखों में
      शायद मैं पहले भी कभी खो चुका हूं,
इक दिन तुम्हे पाने की तमन्ना
      इसी में अभी तक जिंदगी बिता चुका हूं।

∞ ∞ ∞

«« तुम ही तो हो »»

तुम ही तो हो जो -
बड़ी–बड़ी गहरी आंखों में
इक अजब–सी मासूमियत लिये हुए,
चांद–से रोशन चेहरे पे
हजारों थिरकती मुस्कानें लिये हुए,
अपनी मधरु आवाज में
शहद जैसी मिठास घोले हुए,
अपनी भोली–भाली बातों में
अजब–सी चंचलता समेटे हुए,

उतरी करती थी मेरे ख्यालों के आंगन में कभी।

तुम ही तो हो जो -
अपने हल्के सांवले रंग में
रूहानी खूबसूरती समाये हुए,
अपनी हर अदा में जादू
जिंदगी के मायने बताते हुए,
गुलाब की पंखुड़ियों जैसे होठों से
हमारा ही नाम गुनगुनाते हुए,
और कोमल बांहों को
हमारे लिए ही फैलाते हुए,

चमक जाती थीं सपनों के धुंधले बादलों में कभी।

तुम ही तो हो जो -
स्वप्निल आंखों से
हमारा ही इंतजार करते हुए,
सूनी राहों में तकती
आंखों में बेचैनी लिए हुए,
मेरी एक झलक की ललक में
सदियों लम्बी बेकरारी लिए हुए,
मुझे पाने की चाह की चाह में
दीवानगी का आलम ओढ़े हुए,

खड़ी रहती थीं मेरे ख्वाबों की राहों में कभी।

तुम ही तो हो जो -
अंधेरी सर्द रातों में
मेरे ही सलोने सपने देखते हुए,
सुबह किरण की लाली में
मेरे वजूद की कल्पना करते हुए,
अपने दिल की धड़कनों से
हमारे दिल पे दस्तक देते हुए,
हवा के झोंकों में
मेरी ही खूशबू का अहसास पाते हुए,

मेरे हाथों की लकीरों मे उतर आती थीं कभी।

तुम ही तो हो जो -

पायल जैसी खनकती आवाज में

मेरे दिल की तरंगों को छेड़ते हुए,

कोई ऐसी अजब हसीं मुस्कुराहट में,

मेरे लिए ही मुहब्बत लिये हुऐ

मेरी होने के अहसास से

मुझे लाखों जिंदगियां जीने की तमन्ना दिए हुए,

मेरी जिंदगी में रोशनी

बिखेर कर अंधेरे दूर भगाते हुए,

तुम्ही तो हो इंतजार था जिसका वर्षों से कभी।

∞ ∞ ∞

«« धुंधले बादलों के पार से »»

2.2.2000

बचपन से कण–कण पिरोई, समेटी थी मैंने
कुछ बातें, कुछ यादें,
कुछ सपनें, कुछ तमन्नाएं,

इक अनजाने, अनदेखे प्यार की चाह में
सोचीं बातें कुछ अच्छी–बुरी,
कुछ जिद्दी–भरी।

जब हद से ज्यादा प्यार करने वाली इक जान
जान बनकर समायेगी दिल में,
मेरी होकर बस जाएगी मुझमें,

चाहा था उसे लेकर दुनियां मैं दिखाउंगा,
अपने ख्यालों की बस्ती में,
उसके प्यार के नाम में,

सोचा था जब वो प्यारी–सी सूरत
कभी कहीं से जिंदगी में आयेगी
वो मेरी हर कला में छा जाएगी,

बनाउंगा कागज पर उसकी तस्वीर
जिसमे अरमानों का रंग भर के,
अपने सपनों से सजाके।

जान! अब तुम सपनों के धुंधले बादलों
के पार से आई हो,
जान से ज्यादा प्यार करूंगा,
प्यार से बढ़कर चाह करूंगा,

अब मेरे सपने तेरे सपनों से मिल से गए हैं,
चाह है हर गम से तुम्हे दूर रखूं,
तेरी हर तमन्ना पूरी करूं।

∞ ∞ ∞

«« उस पार बैठी वो लड़की »»

26.8.1998

टेबल के उस पार बैठी वो लड़की,
जानी-पहचानी सी लगी महक मुझे जिसकी
   हवा ने जो उसके तन से चुराकर मुझ तक पहुंचाई थीं।

जिसके हल्के सांवले रंग में,
उसकी अलौकिक उज्जवलता में
   मेरे सपनों मे दिखती छवि चमक रहीं थीं।

चंचल काली आंखों में,
नर्म पतले होठों में
   अपनी-सी लगती मंद-मंद मुस्कान थिरक रहीं थीं।

उसके जादुई आकर्षण का मीठा प्रहार
और चेहरे पे अनोखा-सा निखार
   अन्तहीन बेचैनी को मचला रहीं थीं।

उसकी एक भरपूर निगाह ने छेड़ दिया ऐसे,
दिल की तरंगों को झनका दिया जैसे
   कुछ पल के लिए तो धड़कनें थम-सी गई थीं।

लगा मेरे सपनों की छवि यही है,
बनाया गया है मेरे लिए, वो यही है,
वर्षों से मुझे जिसका था इंतजार वोह वही थी।

∞ ∞ ∞

«« *तुम्हारा इंतज़ार करते हैं* »»

14.1.1993

सूरज निकलता है, शाम होती,
शाम ढल गई तो रात होती है
किसी अंधेरी रात को सितारे चमकते हैं
किस तरह बतायें हम, कितना तुम्हारा इंतजार करते हैं।

पास नहीं जब होते तुम
क्या बतायें कितना परेशान होते हैं हम,
न करार होता है, न चैन होता है
तुम बिन यह पल भी जल्दी नहीं करते हैं।

पास आ जाते हो तुम,
न अपनी खबर रहती है, न जमाने की परवाह
पर यह वक्त तब भी बड.ा दिल-फरेब होता है,
पल-पल इतनी तेजी से गुजरते रहते हैं।

∞ ∞ ∞

Part Five

Jab... Dil Ne Jana Tha Tumko

जब... दिल ने जाना था तुमको
When... Heart got to know you

«« तेरी दिलकश मुस्कान »»

1999

तेरे होठों पर खेलती दिलकश मुस्कान,
जब उदासियों के सागर में खो जाती है।
मेरे दिल में बसने वाली तेरी धड़कन,
इक अनजाने-से डर से रुक सी जाती है।

फूलों की तरह हरदम खिला रहने वाला तेरा चेहरा,
जब यूं मुरझा सा जाता है कुछ पल के लिए,
तो यूं लगता है कि कुछ करूं ऐसा,
सारी बहारें वापिस लाउं तेरे लिए।

काश होती मुझमें ऐसी कोई बात,
अपने ही वजूद में छुपा लेता तुझको,
सबकी नजरों से, सबकी बातों से
सारे गमों से बचा लेता तुझको।

∞ ∞ ∞

«« जरूरी आप हैं ऐसे »»

30.9.1998

तितली के पंखों जैसी,
शबनम की बूंदों जैसी
नाजुक हैं मेरे दिल की यह बातें ऐसे।
फूलों के रस की भांति,
सीप के मोती की भांति
मेरे मन में सूरत समाई है आपकी ऐसे।
चांदनी का सम्बन्ध चंदा से,
खुशबू का रिश्ता चमन से
मेरे सपने भी जुड़े आपसे इस तरह से।
सागर के जल से उठती लहरें,
राग की कम्पन से छिड़ती तरंगे
आपकी एक झलक झनका देती है मुझे ऐसे।
जैसे जीवन के लिए जरूरी है स्वास,
जैसे प्यार के लिए जरूरी विश्वास
मेरे अस्तित्व के लिए जरूरी है आप ऐसे।

∞ ∞ ∞

«« जादू तू कहां से लाती है »»

बड़ी-बड़ी गहरी आंखों में,
        अजब-सी सच्चाई झलकाती है।
मासूम से चेहरे पे,
        सारे जहान का नूर भर लाती है।
मधुर आवाज में,
        शहद जैसी मिठास घोलती है।
भोली-भाली बातों में,
        अजब-सी चंचलता दिखलाती है।
हल्के सांवले रंग में,
        रूहानी खूबसूरती समाती है।

        ''बता! यह सब तू कहां से लाती है''

तेरी सच्ची अदायें,
        जिंदगी के मायने बताती है।
तेरी स्वप्निक आंखें,
        हजारों सपने तो पिरोती हैं।
मुझे पता है सूनी राहों में,
        दीवानगी से भरी निगाहें तकती हैं।
होठों पे तेरे सदियों लम्बी,
        बेचैन-सी मुस्कान थिरकती है।

सुबह किरण की लाली में,
किसके वजूद की कल्पना करती है।

''बता! तू यह राज सब से कैसे छुपाती है''

तेरी गोद में सिर रखने का सुकून,
किसी अपने का अपनापन जताती है।
तेरे हाथों की नर्मियां,
मुझे संगीत का सुर सुनाती हैं।
तेरा मुझ पर यूं अटूट विश्वास देखकर,
मुझे अपने आप पर विश्वास दिलाती है।
तेरी बातों की कशिश,
मेरे दिल को अपनों की तरह बहलाती है।
तेरे पास होने की अनुभूति भी मुझमें,
लाखों जीवन जीने की तमन्ना जगाती है।

''बता! यह जादू तू कहां से लाती है''

∞ ∞ ∞

«« खूबसूरत »»

1-2-2006

खूबसूरत लब तेरे
प्यारी बातें करते हैं जो,
खूबसूरत मुस्कुराहट तेरी
हर चेहरे पर मुस्कान सजा देती है जो,
खूबसूरत जज्बात तेरे
हर किसी का गम समजते हैं जो,
खूबसूरत आंसू तेरे
मुझ जैसे इन्सां के लिए भी बह जाते हैं जो,

खूबसूरत आंखें तेरी
दोनों जहां की गहराई है जिनमें,
खूबसूरत एहसास तेरा
हर कोई करे तेरे पास होंने की ख्वाईश जिससे,
खूबसूरत चेहरे की चमक तेरी
ओस से धुला फूल खिला हो जिसमें,
खूबसूरत आवाज का जादू
लहरों–लहरों मोती बिखरे हों जिससे,

खूबसूरत हाथ तेरे
  थामने की तमन्ना किसकी नहीं होगी इनको,
खूबसूरत दिल तेरा
  तुमसे प्यार करने पर मजबूर कर देता है सबको,
खूबसूरत बातें तेरी
  हर कोई हर पल सुनना चाहता है जिनको,
खूबसूरत है मेरी जान
  लफ्ज़ों की जरूरत नहीं होगी जिसको।

∞ ∞ ∞

«« उसके चेहरे की चमक »»

18.9.1999

उसके प्यारे–से चेहरे की चमक
रोशन स्वप्निल आंखों में चाहत,
मीठी–मीठी बातें उसकी
दिल छू लेने वाली सादगी
उसकी आवाज का जादू
होठों पे थिरकती मुस्कान
उसकी नजदीकी का अहसास

जैसे बादल से चांद झांक रहा हो,
जैसे कोई चांदनी रात सगीत बजाये हो,
जैसे कहीं कोई सागर किनारे गाये हो,
जैसे रात दामन से एक सवेरा हो,
जैसे सुबह किरन में फूल खिला हो,

∞ ∞ ∞

Part Six

Jab... Payar To Hona Hi Tha

जब... प्यार तो होना ही था
When... Love happened

«« *कश्मकश* »»

20.2.1993

सोचता हूं कि उसके बारे में, खुशी बहुत होती है
    और कभी जिंदगी अधूरी-सी लगती है।
इक मीठा-मीठा सा आनन्द रहता है
    और साथ में हल्की-हल्की सी चुभन होती है।

कभी दिल कहता है - छोड़ो इस मुहब्बत को
    और कभी इसमें खो जाने की तमन्ना होती है।
अपनी जज्बात मैं खुद भी समझ ना पाया,
    बहुत देर तक दिल इस उलझन में डूबा रहता है।

यह क्या है, यह कैसा अहसास है,
    हल्की-हल्की सी होश, हल्का सा सुरूर होता है।
लगता है - अपने अन्दर से फूट पड़ेगा कुछ
    और कुछ अन्दर को बहता हुआ होता है।

दिल को चैन नहीं उसको देखे बिना,
    रातों को नींद नहीं उसकी यादों में।
दिखे न मुझे तो दिल मचलता रहता है,
    हर पल, हर घड़ी उसकी सूरत है ख्यालों में।

कितना सम्भाला था मैंने फिर भी,
    ना जाने क्यूं फिसल रहा हूं उसकी राहों में।
ये मुझे क्या हो गया है आखिर,
    मीठा–सा अहसास है मेरी आहों में।

किसी नजदीकी को, किसी अपने को,
    सब बताने का जी करता है कभी।
मुहब्बत होती है ऐसी बस सुना था,
    पर नहीं सुनी थी कि मीठी होती है कभी।

यह सब क्यूं ऐसा लग रहा है मुझे,
    यह सच है या मेरा वहम है अभी।
छिन के ले गया कौन मेरी सब्रो–करारी,
    बेकरारी तुझे ऐ दिल! ऐसी तो न थी कभी।

हां शायद! यह है प्यार और साथ मेरे दीवानगी मेरे,
    यह न इकतरफा है ना दोतरफा, उलझन में पड़ गया हूं।
इसे दोस्ती ही रहने दूं या मुहब्बत का नाम दे दूं,
    अजीब–सी कशमकश में पड़ गया हूं।

∞ ∞ ∞

«« अगर वो न होते »»

शायद अब तक गुमनामी की जिंदगी में बसा होता,
गुमनाम ही बना रहता, अगर वो न होते।
अभी तक तो आंसुओं के समुद्र में डूब ही चुका होता,
अगर मझदार पर वो खड़े ना होते।

देखकर उनकी तरफ एक सुकून सा दिल को मिलता है,
दिल में गम ही बसाये होते, अगर वो न होते।
बहुत कुछ खोया है मैंने उसकी चाहत में,
मगर यह सब भी पाया ना होता अगर वो न होते।

गम नहीं कि उनकी खातिर अपनों को खोया,
शायद, मेरे अपने भी मुझे इतना अपना ना बनाये होते।
कोई तो दिल के करीब है अपनों से ज्यादा,
किसको हाल–ए–दिल सुनाते, अगर वो ना होते।

जिंदगी भरी–भरी लगती है, हर चीज हसीन,
जिंदगी खाली–खाली सी रहती, अगर वो ना आते।
हमको तो ''दीवाने'' का खिताब भी ना मिलता, अगर वो ना होते।

∞ ∞ ∞

«« बहुत कुछ सीखा देता है »»

4.1.2000

कुछ तो है इसमें
जो हंसने हंसाने वाले को भी, हमदम की याद में
आंसू बहाना सिखा देता है।
फिर उन्हीं उदास चेहरों को रोशन कर,
खिलखिला कर हंसना सिखा देता है।

कुछ तो है इसमें
जो जिंदगी के बहुत से मतलब, बहुत से अहसास
एक पल में समझा देता है।
खुद के वजूद को भुलाकर, खुदा पर
असीम विश्वास दिला देता है।

समझा ना था इन बातों को कभी
अब पता चला है मुझको, प्यार का अहसास
बहुत कुछ सिखा देता है।

∞ ∞ ∞

«« तुम्हारा दिलदार ख़त »»

8.2.1993

याद है मुझे अभी भी, तुम्हारा दिलदार खत मिला,
खुशी के आंसू बहते रहे, उनसे खत हुआ गीला–गीला,

अब से पहले वो सब ख्यालों में ही था,
जिंदगी की खुशी के अरमानों में ही था,

खत पढ़ कर मुझे एक नया अहसास मिला,
कभी हंसाता, कभी रूलाता तेरा सलाम मिला,

जितना प्यार लिखा था, उसे दिल में समाते ही रह गया
कितना ख्याल है तुम्हे मेरा, यह सोचते ही रह गया।

खत में तुमने कुछ शिकवे, कुछ प्यार लिखा,
इक नई खुशी, नई तमन्ना का इजहार लिखा,

यकि नहीं कि इतना प्यार सम्भाल पाउंगा मैं,
पता नहीं बदले में इतना प्यार दे पाउंगा मैं।

∞ ∞ ∞

Part Seven

Jab... Door Huye They Tumse Hum

जब... दूर हुए थे तुमसे हम
When... You went far away

«« तुम बिन नज़ारे कैसे »»

13.7.2000

झर–झर बहते झरनों में
सुनता हूं मैं तेरी ही खनकती आवाज।
अहसास मेरे पानी के संग–संग बहते हैं
तुझ तक पहुंचने की तमन्ना में।

सख्त पत्थरों के बीच में
खोजता हूं मैं तेरी कोमल यादें।
हर पल तेरी याद में खोया
तेरी दूरी के अहसास में।

खूबसूरत–सी वादियों में
लगती है फीकी हर चीज मुझको।
नहीं दिखता जब मुझे
तेरा प्यारा–सा चेहरा इनमें।

आके कहते हैं मेरे कानों में
ठण्डी हवाओं के झोंके मुझसे।
बता तो तेरी प्यारी जान कहां है
इस सुहाने मौसम में।

सौम्य गीली–सी मिट्टी में
ढूंढता हूं तेरे ही बदन की खूशबू मैं।
वही ढेर सारा प्यार
तेरे नर्म मीठे होठों में।

पहाड़ी बादियों में
टिप–टिप करती यह बारिश।
अहसास दिलाती है क्यूं पास नहीं
तुम मेरे इस पल में।

मुलायम बिछौनों में
इन आंखों में नींद कहां।
खोजता हूं तेरी बांहों का हार
इस तन्हाई के आलम में।

∞ ∞ ∞

«« इक दुआ »»

4.1.2000

क्यूं होता है प्यार में यूं ही कभी,
दिल है कि लगता नहीं सिवा तेरे कहीं।
हर पल तेरी याद, तेरा ख्याल दिल में,
तू ही नींदों में, ख्वाब में, हर मेरी सांस में।
कभी–कभी तेरी याद में,
डर–सा जाता हूं इस अजब ख्याल से।
कहीं तुम मुझसे जुदा ना हो जाओ
पास आते–आते मेरे, कहीं छुप ना जाओ।
रह–रहकर मेरी सांसे रूक–सी जाती है,
इक अजीब खौफ से धड़कनें थम–सी जाती है।
नजर ना लगे किसी की इस प्यार को,
दुआएं करके नहीं थकता मैं रात को।
बदले में चाहे मेरी सांसे ले ले तूं,
मेरा यार बस मेरे पास दे दे तूं।

∞ ∞ ∞

«« खोके फिर पाने को चाहूं »»

28.12.1999

क्यों होता है ऐसा
कि जब तुम दूर होती हो,
तो लगता है ऐसा
कि तुम मेरे दिल के आस–पास हो।
फिर क्यों होता है ऐसा
कि जब तुम मेरे पास होती हो,
तो लगता है ऐसा
कि जैसे तुम मुझसे दूर बैठी हो।
क्यों होता है ऐसा
कि जब तुम मेरी नजरों से ओझल होती हो,
तो दिल चाहता है ऐसा
कि तोड़ के सारे बन्धन, तेरे पास आ जाउं।
फिर क्यों होता है ऐसा
कि जब तुम मेरी नजरों में रहती हो,
तो दिल करता है ऐसा
कि खोके एक बार फिर पाने को चाहूं।

∞ ∞ ∞

«« जरूरी »»

13.1.1993

क्या मुहब्बत इतनी जरूरी है,
ना जमाने की परवाह, ना अपनी खबर कोई,
    यह बेफिक्री क्या मुहब्बत में इतनी जरूरी है।
घुट-घुट के आहें भरते हो,
क्यूं यह ऐसी हालत है तुम्हारी,
    यह आहें क्या मुहब्बत में इतनी जरूरी है।
यह आनन्द, यह बेफिक्री, यह नूरानी चेहरा,
तुम्हारे लिए जिन्दगी सिर्फ प्यार का नाम है,
    असलियत से दूरी क्या मुहब्बत में इतनी जरूरी है।
सनम धोखा दे गये तो क्या जिंदगी तो बाकी है,
उसकी बेवफाई पे क्यूं इतना मायूस होते हो,
    यह मायूसी क्या मुहब्बत में इतनी जरूरी है।
बीती बातें क्यूं याद करते हो,
कैसे दीवाने हो अभी भी उनका इंतजार करते हो,
    यह इंतजार क्या मुहब्बत में इतना जरूरी है।

∞ ∞ ∞

«« *अहसास* »»

30.9.1999

सितारों के संग आकाश की तरह,
जिंदगी के संग स्वास की तरह,

पुष्प के संग सुवास की तरह,
सच्चे प्यार के संग विश्वास की तरह,

आभास करो तेरा प्यार सदैव तेरे आस-पास है।

तेरी लटों में भीनी-सी खुशबू की तरह,
होठों की सुर्खियों पे मुस्कान की तरह,

बन्द आंखों में सपनों की तरह,
तेरे कानों में खनकती आवाज की तरह,

जो तुम महसूस करती हो वो, मेरा ही अहसास है।

आंचल में सुस्ताती छाओ की तरह,
खुली आंखों में रोशनी की तरह,

फैली बांछो में आलिंगन की तरह,

शायद तुमको नहीं इसका पता, मेरा दिल तेरे पास है।

Credits: Adapted from or built upon an anonymous work from an unknown source in late 1980s.

∞ ∞ ∞

«« जज्बात »»

16.1.1993

बहुत खुशी होती है तो आंसू निकलते हैं,
जब बहुत गम होता है तो आंसू निकलते हैं।
बहने लगे बिन बारिश के,
भीग जायें जिससे, यह वो बरसात है।

दिल ले लो, दिल दे दो, अक्सर कहते हैं दीवाने,
पूछा उनसे कि यह दिल क्या चीज है आखिर,
कहा उन्होने हंसकर कि यह वो शै है
जो तुम्हारी है पर किसी और की अमानत है।

प्यार–मुहब्बत सभी कहते हैं, सभी करते हैं,
पूछा भई! प्यार क्या चीज है आखिर,
कहने लगे यह वो जज्बा है
जो कयामत से शुरू हुआ और अभी भी कयामत है।

वो मेरा दोस्त है, मैं उसका दोस्त हूं,
पूछा उनसे – भई! यह दोस्ती चीज क्या है आखिर,
जो जब तक नहीं होता, कह नहीं सकते क्या है,
जब हो जाए तो पता चलता है, यह कैसा ताल्लुकात है।

यह मुहब्बत, यह दिल, यह दोस्ती,
   क्या जरूरी है जिंदगी के लिए ,
      कहने लगे ...''यह कुछ मेरा, कुछ तेरा वहम है।''
     इसी वहम पर तो यह कायनात है।

∞ ∞ ∞

Part Eight

Jab... Tootna Hi Tha Isko Ek Din

जब... टूटना ही था इसको एक दिन
When... It was destined to hurt one day

«« सहारा »»

19.4.1993

यह गम तो है मगर सह लेंगे
        गम से घबराना कैसा, यह हर बार मिला।
मेरे दिल के जज्बात न जाने कोई
        कोई भी ऐसा ना मिला।

तड़फा हूं किस तरह से बहुतों के लिए
        कभी किसी दिल में अपनापन ना मिला।
किसी अपने को हजारों की भीड़ में ढूंढता रहा
        साथ रहे सदा, कोई ऐसा ना मिला।

मिट गये मेरे सपनों के आशियाने
        प्यार के बदले में गम सौ बार मिला।
तुझको देखा तो मेरे दिल ने कहा
        इक हमदर्द है तुझमें मिला।

उठी ना तेरी नजर कभी मेरे लिए
        उठी तो हर बार परायापन मिला।
पास बैठ लेते दो पल ही तुम्हारे
        मुकद्दर ऐसा भी कहां हमको मिला।

हमको समझ ना पाई हो तुम
फिर भी तुमसे कोई नहीं है मिला।
याद करोगे हमें कभी गैरों की तरह
इतना भी भरोसा तुम्हारा न मिला।

जिये जा रहा हूं यादों के सहारे
जीने का यहीं तो इक सहारा है मिला।

∞ ∞ ∞

«« शायर »»

लोग कहते हैं अच्छा! तो तुम शायर हो
तो फिर जरूर गमगीन होगे,
सीने में गमों की बहुतायत
और अधूरे दिल के अरमान होंगे,

कहते हैं वो होठों पे चाहे तेरे मुस्कान हो
अन्दर से तुम्हारे आंसू उबल रहे होंगे,
कहते हैं खुद से खफा हुए बैठे है
किसी को समझाते क्या होगे।

मुझसे सुनो! गम आते हैं, जाते हैं
जो दिल में संजोकर रखते हैं, वो लोग नादां होंगे,
दिल में हंसने-हंसाने का अरमान है
तुमने क्या सोचा था, शायर ऐसे इन्सान होंगे,

होठों पर इनके खेलती है मुस्कान
दिल में चाव और खुश अरमान होंगे,
वहम है तुम्हारा कि शायर बड़े गमगीन होंगे।
सिर्फ गमों को ही शब्दों में लिखने के माहिरीन होंगे।

∞ ∞ ∞

«« दीवाने लोग »»

12.2.1993

तेरे प्यार में टूट कर कहां जायें हम,
जाने क्या लोग पूछें, जाने क्या समझाये हम।
माना और भी आयेंगे तुमसे प्यार जताने लोग,
कौन भला यूं चाहेगा, जैसे चाहते है तुझको हम,
मुहब्बत भरे दिल को ठुकरा रहे हो
इस दुनिया में कहां जाये दिल को समझाने हम।
बहुत दर्द है इस दिल में,
तुम्हीं बताओ कहां जाये अपना अफसाना सुनाने हम,
हर नजर पे, नजर टिकी है लोगो की,
उठकर तेरी गलियों से कहां जाये आंसू बहाने हम।
अच्छा हुआ काम आ गई दीवानगी मेरे,
वर्ना कहां जाते जमाने को समझाने हम।

Credits: Adapted from or built upon an anonymous work from an unknown source in late 1980s.

∞ ∞ ∞

«« मैं क्या करूँ »»

2.1.1993

छोड़ो इस मुहब्बत में रखा क्या है,
कहते हैं लोग हमें यह रोग हो गया है
आप ही इसकी दवा है,
आप न समझे तो मैं क्या करूं।

क्या कहते हो किसी और से लगा लो दिल,
तुम सा नजर भीं तो आये दूसरा कोई मुझे।
सोचा था अब न याद तुमको करेंगे,
कमबख्त दिल हीं न समझे तो मैं क्या करूं।

अभी तो तेरी अखिरी झलक बाकी है तेरी,
अभी क्यों छलक आये तेरी याद में आंसू,
किसको सुनाये दास्तान अपनी
जो तुमसे न कह सका, जमाने से क्या कहूं।

∞ ∞ ∞

Part Nine

Jab... Usko Jana Hi Tha Aakhir

जब... उसको जाना ही था आखिर
When... Goodbye was the only choice

«« जान! जा मगर »»

31.7.2000

ऐ जान! जा मगर, हवा के झोंके की तरह
इधर से गुजर जरूर जाना कभी।

तेरी कुछ पल की ठंडक की चाहत में
हम तो बैठे होंगे यहीं।

आंचल को संभाले रखना
फिसला जो अगर, आसपास मैंने होना नहीं।

लट जो बिखरेगी कभी,
हवा में मेरे स्पर्थ का अहसास होगा तो सही।

यादों मे बिखेर कर समेटा है तुम्हें
हमें समेट कर तुम यादों में बिखेरना नहीं।

चांद जब आए ईद पर,
उसके संग छोटे-से सितारे में मुझे देखना भूल जाना नहीं।

कहने को शब्द कम है, मुहब्बत ज्यादा है,
बरसीं खूब जो आंखों से अभी।

यह भींगा–भींगा सा खत,
देखना रूखा रह जाए ना कभी।

∞ ∞ ∞

«« ईद पर चाँद जब निकले »»

31.7.2000

ना सीमाओं का बन्धन
            ना बन्धन में कोई सीमा हो,
ना सीमाओं की कोई चिन्ता
            ना खोने की परवाह हो,
डर का ना कोई साथी,
            ना साथी को कोई डर हो,
शिकवा हो या शिकायत हो
            ना खफा फिर भी यार हो,

दुआ करता हूं प्यार यूं ही रहे हमेशा
            ना मिलने की कम आस हो,
आस कम हो जाये तो
            हर पल प्यार आस-पास हो,
ईद पर चांद जब निकले तो
            संग सितारे में मेरे अक्स का अहसास हो,
गर सितारा ना भी मिल पाये तो
            चांद की चांदनी तुम पर आफताब हो।

तमन्नाओं में सपनें हों
और सपनों में तमन्नायें,
अधूरी जो रह जायें तमन्नायें
फिर भी ना सपने टूट जायें,
हुये टूटे सपनों पे जो उदासी
ना उदासी में दिल टूटने पायें,
ना रास्तों की कोई उलझन हो,
गर दिशायें अपनी जगह से हिल भी जायें

रास्ते उलझ भी जायें तो
ना मंजिलों को भूल पायें हम ,
मंजिलें बदल भी जायें तो
ना जिंदगी से खफा होना तुम,
साथ मिल ना पाउं
ना अकेली महूसस करना तुम,
अकेली हो भी जाओ तो
अपने सपनों को पूरा करना तुम,

∞ ∞ ∞

«« इक सपना »»

26.8.1998

नहीं याद कि यह सब सच है
या फिर कोई अविश्वसनीय सपना है,

डूब रहा था अंधकारमय पाताल में
इक अलौकिक प्रकाश–सा फूटा कहीं से,

चमत्कार–सा हुआ धुंधले अंधेरे में
घेरे हुए उसे चुंधिया देने वाली किरणें,

चांदी रंग की अप्सरा, चमकती चंचल आंखे लिये
इक लड़की की छवि उजागर हुई उज्जवल काया लिये।

जैसे हौले से तैरती–सी हुई
मेरे पास आती प्रतीत हुई,

दिल की धड़कनें जैसे थम–सी गई
जब वो हवा के झोंके की तरह मेरे पास आई,

कोई और नहीं, वो मेरी प्यारी जान ही थी
जिसकी मासूम हंसी में अभी भी वही ताजगी थी,

लाखों दिलों को जीतने की क्षमता थी जिसमें
वो आकर्षक अरोमा अभी भी थी उसमें,

अपने कोमल हाथों से मुझे उठाकर
कहा ...'आई हूँ तेरे पास तेरी दीवानगी देखकर'

काश! कि समय का चक्र थम जाता
मैं यूँ ही बेहोशी की हालत में ही रह पाता,

फिर एक झोंका विपरीत दिशा में बहा
संग उस छवि को भी उड़ाता ले गया,

जाते–जाते कहा उसने, हर–पल तेरे संग रहूँगी मैं,
तेरी यादों में, तेरी सांसों में बसूँगी मैं।

∞ ∞ ∞

«« परेशां हूँ मैं »»

6.4.1993

सुनने में आया है वो दूर हमसे चले गये
जुदाई का नश्तर हमारे सीने में चुभो गये।
मगर दिल कमबख्त मानता ही नहीं
दिल के पास वो बैठे है, दूर कहां से हो गये।

अभी तो तेरी अखिरी झलक बाकी है तेरी,
अभी क्यों छलक आये तेरी याद में आंसू,
मैं तुमसे क्या कहूं, मैं किसी से क्या कहूं
जो उनसे न कह सका, जमाने से क्या कहूं।

अपनी हालत का भी अहसास नहीं मुझे
लोग कहते हैं कि परेशान हूं मैं।
लाख कोशिश कर रहा हूं, हंसने–हंसाने की
फिर भी लोग कहते हैं, गमगीन हूं मैं।

आज तो जैसे मने दुनिया ही बदल गई हो,
कोई हंसी, कोई मजा बाकी नही रहा।
आंसू निकलने की कोशिश कर रहे थे
और मैं जबरन हंसने की कोशिश में रहा।

मेरी नजर पर नजर टिकी है जमाने की यूं,
तेरे गम में, कहां जायें आंसू बहाने हम।
चलो अच्छा हुआ तेरी दीवानगी काम आई मेरे,
वर्ना कहां जाते जमाने को समझाने हम।

क्या कहते हो किसी और से लगा लो दिल,
उस सा नजर भी तो आये दूसरा कोई मुझे।
सोचा था अब न याद करेंगे उसको,
लेकिन यह दिल मजबूर करता है बार-बार मुझे।

जब भी मैंने दिल लगााया, हमेशा ही सदमे उठाये,
जब भी हंसा सबको हंसाने, आंखों में आंसू आये सब।
वह चली गई बादलों के उस पार,
लेकिन मेरी यादों में जन्म लिया है उसने अब।

∞ ∞ ∞

Part Ten

Jab... Sirf Yadon Ka Saath Tha

जब... सिर्फ यादों का साथ था
When...Your memories remained

«« वो हसीन पल »»

1994

खो जाते काश हम दोनों उसी हसीन पल में,
समेटा था जब मुझे तुमने अपनी बांहों की नर्मियों के बंधन में।
याद आते हैं वो पल, वो रात, वो अक्स मेरी आंखों में,
मचल जाता हूं तुझे, अपनी जिंदगी मे लाने की तमन्ना में।

जब तेरी गर्म बांहों के आगोश में खुद को भूल गया मैं,
इक सुकून था, इक चैन था, जैसे मंजिल की गोद में आ गया मैं।
तेरे बदन की खूशबू में खो–सा गया मैं,
तुझे अपनी जिंदगी में पाके, ना जाने क्या से क्या हो गया मैं।

तन्हाई में, सन्नाटे में, वो दिल की धड़कनों की आवाज थी बस,
तेरी धड़कनों से मेरी धड़कनों का प्यार सा था बस।
पिघलते–पिघलते यूं पिघले खामोशी के बादल बस,
ना जाने कब से तूफान, हम दोनों ने दिल में छुपा रखे थे बस।

काश यूं हो सकता कि वो पल रूक जाता,
ना दिल बदलते, ना रातें, ना यूं साल बदलता,
साल भर यूं इस दिन का इंतजार ना रहता,
ना यूं वक्त बदलता, ना तेरे इंतजार में दिल बेकरार होता।

आज वही दिल है, वही पल है,
तेरे पास होने का अहसास, तेरा मेरा होने का अहसास है।
जिंदगी में तमन्ना कोई और नहीं बस, प्यास है,
तेरे असीमित प्यार की, तेरे साथ की प्यास है।

∞ ∞ ∞

«« तेरी यादें »»

7.8.1998

बचपन की वो प्यारी–सी यादें
और उनमें उसका चेहरा,
उस चेहरे पे प्यारी–सी
मंद–मंद मुस्कान,
मेरे लिए चमक जाती थी वो।

आने वाले कल के सपनों से
बोझिल गहरी आंखें,
वो हाथों की हरकत,
काश! मैं पक्षी होती सुदूर आसमां मे
उड़ जाती ऐसी कहती थी वो।

एक नई दुनिया बनाने की,
अपने ख्यालों को रचाने की,
तमन्ना झलकती थी उसकी बातों में,
सभी बन्धनों को तोड़ देने की,
तेरी ख्वाहिश याद आती है वो।

छुपकर सबकी नजरों से मेरे पास आना,
    घंटों बैठना बातों में गुम हो जाना,
        सपनों की यादों में खो जाना
            बेकरार कर जातीं थीं
                जब सटकर मेरे पास बैठ जातीं
                थीं वो।

मेरे हाथों को हाथ में लेकर,
    अपना विश्वास जताना,
        वर्षों बाद अब समझ आया
            वो उड़ना चाहतीं थीं तेज हवा के संग,
                संग-संग मुझे लिये उड़ जातीं वो।

∞ ∞ ∞

«« बस यादें बाकी है »»

9.8.1998

हाथों को हाथ में,
    आंखों में आंखें डाल के,
        तेरा वो शर्माना,
            और पलकें झुकाना,
वो कुछ पल सब याद हैं।

जब पहली बार मैंने,
    तेरे सुर्ख होठों की नर्मियों को चूमा,
        तेरे होठों के रस का असर,
            अभी भी है मेरे होठों पर,
वो कुछ पल सब याद हैं।

भीगे-भीगे मौसम की,
    अधूरे मिलन की बातें,
        खुशबू है तेरे बदन की,
            अभी तक मेरे सांसों मे,
वो कुछ पल सब याद हैं।

∞ ∞ ∞

«« बर्षों बीत गये »»

24.8.1998

लगता है दिनों हो गये सब-कुछ भुला कर
इक-दूसरे के पास बैठे हुए,
वर्षों बीत गये हों जैसे
दु:ख-सुख को बांटे हुए।

वो अनमोल रत्नों जैसे पल
जब प्रेम में भी हल्की-सी कसक थी,
बचपन की मासूम अठखेलियां
इक रस था हल्का-सा नाराजगी में भी।

अपने घर के झगड़े में
निष्ठुर होना फिर कभी ना मिलने के लिए,
और अगले ही क्षण में
छत पर बैठना हाथों में हाथ लिये।

मिलकर मुझसे तेरा यूँ
बहारों की तरह खिलखिलाकर हंसना,
कभी अपनी सागर-सी आंखों से
मोतियों जैसे अश्रु लेकर मन की व्यथा सुनाना।

वर्षों जो बिताए थे
तेरे संग एक आनन्दित आवरण के नीचे,
संग-संग सपनों के
अनमोल पुष्प जो हमारी इच्छाओं ने सींचे।

मनस्पटल पर चमक कर,
कभी देती है प्रसन्नता, कभी उदासी-सी
सांसों का सम्बन्ध जीवन से जैसे,
मुझसे जुड़ी वो यादें, वो बातें, वो अनुभूतियां-सी।

जीवन की दौड़ में
लगता है बहुत आगे कहीं निकल आया हूँ,
तेरा विचार आते ही
मन कहता है, कुछ पीछे छोड़ आया हूँ।

उलझन भरे जीवन में
नहीं मिलता कहीं से अपनेपन का अहसास,
मन कहता है बार-बार
काश! तुम कहीं होतीं मेरे आस-पास।

दूर रहकर ही तुमसे
समझा है इक जाना-पहचाना सा अनुभव मैंने,
हर पल पास था मेरे
ढूंढने के लिए जिसे हजारों राह देखे मैंने।

तुम ही तो थी
जो मेरी आत्मा की आवाज सुन सकती थी,

बिन शब्दों के
मेरे मन की बातें मुझे सुना सकती थीं।

चलो फिर कहीं चलते हैं
इन उलझनों के भंवर से परे,
मन की तहें खुल जायें
इक ऐसे नये गगन के तले।

∞ ∞ ∞

«« वो प्यार ही तो था »»

7.2.1993

कितने प्यार से बुलाती थी तुम,
कितनी हसरत से देखा करती थी मुझे,
कोई इस तरह से मिला नहीं कभी,
जिस चाहत से मिलती थी मुझे।

अजीब हूं मैं भी शायद, थोड़ा पागल
थोड़ा सिरफिरा कह सकती हो मुझे,
प्यार के लिए भटकता रहा इधर-उधर,
पहचान ना पाया, जो प्यार तुम करती हो मुझे।

कभी समझ नहीं पाया, खामोश होठों की जुबां
यह आंखों की चमक कभी ऐसे तो न लगी थी मुझे,
इस निहार का, इस अपनेपन का,
कभी मतलब ही समझ में नहीं आया मुझे।

साथ मेरे तो तुम बहुत पहले से हो,
लेकिन जिंदगी इतनी हसीन तो कभी लगी नहीं मुझे,
शिकायत तो है कि क्यूं छुपाती रही इसे,
इतना प्यार, इतनी मुहब्बत जो तुम दे रही हो मुझे।

कितनी देर इस प्यार को तरसा,
      बस अब वो सब भुला लेने दो मुझे,
जो खामोश मुहब्बत बैठी है तुम्हारे अन्दर,
      उस मुहब्बत में बस खो जाने दो मुझे।

$\infty \;\; \infty \;\; \infty$

«« लम्हे »»

9.1.1993

तुम्हे पाने की जिद्द थी कभी,
अपना बनाने की चाहत थी कभी,
तुम कभी तो आओगे, हम इंतजार करेंगे।

फूलों की महक है ही क्या,
इस दिल में चमन की बहारें हैं,
ठुकरा दो चाहे! हम फिर भी खुश इजहार करेंगे।

किन ख्यालों में खोया चला जा रहा हूं,
शाम हो चली है, वक्त गुजरा जा रहा है,
सोचा ना था कि इस तरह भी वक्त गुजारा करेंगे।

∞ ∞ ∞

«« अभी तक »»

10.1.1993

वो तेरा मिलना, तेरा बिछुड़ना याद है अभी तक,
वो तेरा आना, वो तेरा चले जाना याद है अभी तक।

वो तेरा रूठ जाना, वो तेरा रूसवा होना,
वो हमारा मनाना, तुम्हारा इतराना याद है अभी तक।

वो तेरा शर्माना, वो तेरा रूक–रूक के कुछ कहना,
वो तेरा इजहार, तेरा प्यार याद है अभी तक।

वे तेरे वादे, वो तेरी कसमें,
मैं नहीं भूला, तुम्हे भूल जाने का हक है अभी तक।

वो तेरी हंसी, वो तेरी मुस्कुराना,
तेरी खिलखिलाहट गूंजती है इस दिल में अभी तक।

ना वो दिन रहे, ना वा रातें आयेंगी,
मगर उन्ही दिलों की चाहत है अभी तक।

क्या हसीन पल थे, हसीन जिंदगी थी,
उन हसीन लम्हों की याद बाकी है अभी तक।

कहने को बहुत कुछ था, जो ये आंखें कह देंगी,
जिनमें इक बरसात है अभी तक।

∞ ∞ ∞

Part Eleven

Jab... Kash Kahin Aisa Hota

जब... काश कहिन ऐसा होता
When... Wish it were so

«« उड़ चलूँ बापिस »»

20.8.1998

दिल कहता है अक्सर मेरा,
उड़ चलूं वापिस उसी जन्नत में,
यहां पर पंछी बन कर
उड़ने की ख्वाहिश उठी थी मन में।

खूशबू बुला रही है मुझे
फिर एक बार उस मिट्टी की,
यहां हर फूल, हर पत्ती
लगती थी मुझे अपनी-सी।

मैदान के बीचों-बीच की पगडंडी
वो रास्ते मेरे कदमों की आहट पहचानते थे,
गुनगुनाहट सुनाई देती थी
जब सुहानी हवा के झोंके बहते थे।

मेरा वो छोटा-सा कमरा
सारे यहां की संजीवता समेटे हुए,
हजारों जिंदगियों की महक
हजारों यादें संग-संग समेटे हुए।
हर तरफ अपने महबूब की झलक

मानो अभी उतर आएगी पल में,
हर तरफ लिपटी गर्माहट का अहसास
डूबा हुआ भीनी-सी खूशबू में।

सारे यहां की खुशियां बटोरी थी मैंने
एक चैन था, एक सुकून था,
हजारों सपने संजोये थे मैंने
जिंदगी एक प्यारा-सा अहसास था।

कुछ छोड़ आया था वहां
लड़कपन का वो दबा-सा प्यार,
वो सारी बातें, वो सारी यादें
वो मेरे दोस्त, मेरे प्यारे यार।

वो खुला आसमां, टिमटिमाते तारों के संग
बुलाता था रह-रह कर मुझे,
चाहत थी जिस पर
चांद की तरह चमकने की मुझे।

दिल चाहता है उसी चौराहे पर बैठूं
पूछूं जाकर वहां के आसमां से,
टूटा हुआ तारा बना दिया
मुझे चांद बनने की तमन्ना ने।

∞ ∞ ∞

«« चार दीवारी »»

20.8.1998

काश! मैं हमेशा उस जगह पर रह पाता
अपने सपनों की दुनिया में खोया होता।
हसीं ख्यालों की दुनिया में खोया होता,
कम से कम टूटे हुए सपनों का मंजर तो ना देखा होता।
अपनी मर्जी से सोया होता, मर्जी से उठा होता,
अपने आप में मस्त दुनिया से बेखबर होता।
अच्छा था चैन की नींद सोया होता,
कहीं इस तरह डर कर रातों को ना उठा होता।
बस अकेले-अकेले कितना संतुष्ट होता,
इस चिंता से तो दूर ही होता।
ना कोई दुःख, ना कुछ दर्द होता,
ना अहसास दुनियादारी से हार का होता।
काश! उस घड़ी को किसी ने तो बताया होता,
बस! उस चार-दीवारी से ना बाहर आया होता।
काश कि वक्त वहीं का वहीं रूक गया होता,
और वहीं-कहीं वक्त में गुम हो गया होता।

∞ ∞ ∞

«« सोचा था मैंने »»

22.9.1998

यहां सोचा था मैंने मन में,
कुछ करके जरूर दिखलाएंगे।
आम लोगों की भीड़ में,
कुछ खास बनकर जाएंगे।

चलना था कुछ रफ्तार से,
कि वक्त हमें छूने की तमन्ना करता।
इक ऐसे आसमां के तले,
यहां मस्तियों से भरा समां होता।

कामयाबी की मंजिलों को पार कर,
इक नया इतिहास बनाने को।
आया था मैं यहां यह तमन्ना कर,
इक नई पहचान बनाने को।

सोचा था सात समुद्र पार करना है,
पहले जिंदगी थोड़ा जी कर तो देख लूं।
सुंदरता के मंजर और भी हैं,
पहले किसी को अपना बनाकर तो देख लूं।

यहां की सारी खुशियां समेटकर,
सब पर लुटाना चाहता था मैं।
मैं सबका और सब मेरे यार,
अपनी हंसी से हंसाना चाहता था मैं।

तालाश थी इक ऐसे किनारे की,
जो तूफ़ान से लड़ने की किरण दिखलाये।
वो ख्वाहिश बरकरार है अभी,
जो वर्षों से चला था साथ लिये।

वक्त कुछ ऐसा आया है, लगता है कहीं
आम लोगों की भीड़ में गुम गया हूं मैं।
मंजिल भी धुंधली–सी हो गई है,
रास्ता भी शायद भूल गया हूं मैं ।

चाहे सोचा था मैंने मन में,
कुछ करके दिखलाएंगे।
आम लोगों की भीड़ में,
कुछ खास बनकर जाएंगे।

∞ ∞ ∞

«« वो शहर »»

23.8.1998

ऐ हवा!
कहना उस शहर की जमीं से जाकर,
मैं अभी भी उसकी खुशबू याद करता हूं।

वो छोटा–सा घर
पर शायद, यहां के महलों से अच्छा था
घर की वो छत,
यहां उड़ने की तमन्नाएं पाली थीं।
उस घर से,
अभी भी वर्षों पुरानी यादें जुड़ी हैं।
उन दीवारों में,
मेरी कही बातें अभी भी दबी होगी।

ऐ हवा!
कहना उस घर से जाकर,
मैं अभी भी उसको याद करता हूं।

मेरे बचपन की
छोटी–छोटी हसीन यादें,
मुहल्ले के दोस्त,

उनके संग छोटे–छोटे खेल,
छोटे–छोटे झगड़े।
इक रूहानी मस्ती से भरे,
मुहल्ले के वो लोग
गर्माहट भरा अपनापन जिनमें।

ऐ हवा!
कहना उस शहर के लोगों से जाकर,
मैं अभी भी उनको याद करता हूं।

मुझे याद है
मेरे पहले स्कूल की क्लासें,
यहां पर मेरा,
सच्चा बचपन पनपा था।
वो बड़ का पेड़,
लगता है अभी मुझे साया करता
वो प्यारे क्लास–मेट,
पूछते हैं मुझसे आकर बहुत कुछ।

ऐ हवा!
कहना उस स्कूल के पेड़–पौधों से जाकर,
मैं अभी भी उनको याद करता हूं।

वो बचपन की
प्यारी–सी, अपनी–सी पहली दोस्त,
घण्टों जिसके साथ
अपने सपनों को शब्दों में पिरोया।

कुछ नाजुक पलों को
अपने कल के इंतजार में बांटा,
उसका चोरी से
मेरे पास आकर दिल खोलकर बातें करना।
ऐ हवा!
कहना उस लड़की से जाकर,
मैं अभी भी उसको याद करता हूं।

वो दूसरा स्कूल
और लड़कपन का पहला प्यार,
चोर आंखों से
जिसे हर पल देखा करता था मैं।
हजारों खत लिखे
ना दे पाया इजहार करने को,
और वो प्यार
बस, दिल में दबा-सा रह गया।

ऐ हवा!
कहना उस प्यार को जाकर
मैं अभी भी उससे प्यार करता हूँ।

वो शहर,
उस शहर की गलियां और सारे मोड़
और वो अकेला पुल,
मेरी तरह अकेला और शांत-सा खड़ा था
यहां जाता था,
मैं अक्सर अपनी ही आवाज सुनने।

वो बेजान चीजें,
वो मुझसे कभी बातें किया करती थी।

ऐ हवा!
कहना उस शहर की गलियों से जाकर
मैं अभी भी उनको याद करता हूँ।

वो दोस्त,
वो यार, वे लोग, वो मेरा प्यार,
वो स्कूल,
वो कॉलेज और वो सहपाठी।
वो शहर की
गलियां, मोड़, चौराहे और बेजान सड़कें
और उनमें बसी
मेरी भूली–बिसरी यादें और बातें।

ऐ हवा!
कहना उन सबसे जाकर,
मैं अभी भी उन्हे याद करता हूँ,

कोसों दूर होकर भी
उसकी मिट्टी का मोल समझता हूँ।

∞ ∞ ∞

«« हम न समझ पाये »»

20.4.1993

यह हकीकत है या फसाना,
जिंदगी को न हम समझ पाये।
कभी लगे कि सच है, कभी सारा झूठ है,
क्या सच-क्या झूठ, हम न ढूंढ पाये।

गम के कांटों के लेकर हमने,
दुनिया पर खुशियों के फूल बरसाये।
जब भी मैंने दिल लगाया,
हमेशा ही सदमे उठाये।

जब भी हंसना चाहा सबको हंसाने,
आंखों में आंसू ही आये,
कस रही हैं वे दिल की अधूरी हसरतें,
काश! इन हसरतों को कभी मौत आये।

गैर के लिए लुटा दिया सब-कुछ,
उस सौदे में हम जिंदगी हार आये,
तुम्हे अपना बनाने की चाह में,
हम अपने अपनों को खो आये।

क्या हकीकत है–क्या फसाना,
इस उलझन को हम न समझ पाये।
कौन अपना है–कौन है बेगाना,
जिंदगी में यह हम कभी ना समझ पाये।

∞ ∞ ∞

«« *उलझन* »»

5.1.1993

मैं उलझनें बनाता हूं,
मैं उलझनें सुलझाता हूं,
उलझनें सुलझाते-सुलझाते,
फिर नई उलझन में फंस जाता हूं।

उलझाने-सुलझानें के चक्कर में,
मैं शायद खुद भी उलझ जाता हूं
जिसमें उलझा, फिर उससे,
कभी निकल नहीं पाता हूं।

निकल भी जाउं तो फिर,
उलझनों का अपनाता हूं।
इस जिंदगी में मैं उलझनों के पीछे,
और कभी उनसे आगे भागता हूं।

कभी मैं उलझन के आगे,
कभी उलझन मेरे पीछे होती है।
इन उलझनों के सदके हमारी इतनी,
लम्बी जिंदगी यूं ही गुजर जाती है।

जिंदगी जब खत्म होने लगी तो,
इक और नई उलझन में फंस जाता हूं
कि जिंदगी में क्या कर पाया मैं,
बस इसी उलझन में मर जाता हूं।

मैं भी कितना पागल हूं अपनी उलझनों के,
चक्कर में तुमको भी उलझा देता हूं।
मैं शायद तुमसे कुछ कह रहा था
यह याद करते–करते, इसे तेरी उलझन बना देता हूं।

∞ ∞ ∞

«« *जिंदगी* »»

11.4.1993

खुशी और गम कुछ ऐसी चीजें होती हैं,
जो न कोई देता है, न बाहर से मिलती हैं।
यह जिंदगी की छोटी-बड़ी बातें,
जैसे सोचोगी वैसी ही दिखती हैं।
यह तो अहसास है जो
अंदर से निकलती हैं,
दिल से लगा लें तो गमगीन लगती है
और महसूस करें तो जिंदगी हंसीन लगती है।
कभी सब सच-सच लगती है,
और कभी कुछ-कुछ झूठ लगती है।
किसी के इन्कार से दिल टूट जाता है,
और कभी ये सब मामूली बातें लगती है।
बड़ी मुश्किल से भी दिल घबराता नहीं,
और छोटी-सी बातों की भी आह उठती है।
यह दुःख, दर्द, बेवफाई की बातें बहुत कुछ हैं,
नहीं सोचो तो कुछ भी नहीं लगती हैं।

∞ ∞ ∞

«« नज़र के चिराग »»

20.4.1993

खिजा भी हर जगह एक–सी रहती है और बहार भी,
ये नजर के चिराग हैं, कहीं जल गये कहीं बुझ गये।
सपने हैं सपने, फिर भी सपनों में हैं अधूरे अरमान,
सच हो गये तो दिल को छू गये, नहीं तो चुभ गये।
कभी हम वक्त के हाथों में और कभी वक्त हमारे हाथों में,
वक्त की बातें हैं सब, कभी गिर गये, कभी चूक गये।
जिंदगी में कभी निराश, कभी गमगीन, कभी आशा,
यह तो सफर में होता ही है, कभी चल दिये, कभी थक गये।
मोड़ तो होते हैं कुछ फिसलने वाले भी, कुछ गिरने वाले,
कुछ हंस कर चल दिये, कुछ उठाकर चल दिये।
हजारों मिलते हैं लोग – कुछ अपनों की तरह, कुछ गैरों की तरह,
कुछ प्यार का बहाना किये, कुछ दगा करके चले गये।
गम से परे होते हैं मोड़ और भी खुशी के,
रोशनी के मुकाम होते हैं बहुत, कुछ बुझ गये–कुछ जल गये।

∞ ∞ ∞

End Note

Jab... Isko Khatam Hona Hi Na Tha

जब... इसको खत्म होना ही न था
When... It became endless and timeless

«« तमन्ना »»

1.12.2000

जब भी उनकी आंखों में पाते थे हम खुद को, तो सोचते थे यही,
काश! इस झील का कोई किनारा होता तो अच्छा था।

रूलाती है जब याद उनकी, तब भी आकर तो सोचते है यही,
काश! उनसे दिल ना लगाया होता तो अच्छा था

डरते हैं जब भी हम तन्हाई के, अन्धेरे से तो सोचते हैं यही,
काश! कोई हमारे भी रूबरू होता तो अच्छा था

कर याद उन दिनों को जो, गुजारे थे उनके साथ तो सोचते हैं यही,
काश! वो दिन जिन्दगी के लौट आते तो अच्छा था

पाते है जब भी तन्हा खुद को तो, सोचते है यही,
काश! तुम ही हमारी तन्हाई होते तो अच्छा था ।

Credits: Sent by Neeru H on Dec 2000, the original authorship/source of the poem is unknown. Author is indebted to the original poet for writing so great lyrics – an ideal end-note for this book.

∞ ∞ ∞

Front cover: Unconditional Love, painted year 2000
Back cover: Luvmi, painted year 2005
Portraits drawn by Raman K. Attri
Front back cover art by Raman K. Attri
Copyrights © 2019

FROM THE SAME AUTHOR

Say It When You Mean It
Poetic Expressions by A Non-Poet
Collection of poems in English

Available in Ebook and paperback formats
ISBN 978-981-14-0827-4 (ebook)
ISBN 978-981-14-0828-1 (paperback)
Write to rayan-rayman@outlook.com to place the order

Rayan & Rayman
IMPRINTS INSIGHTS

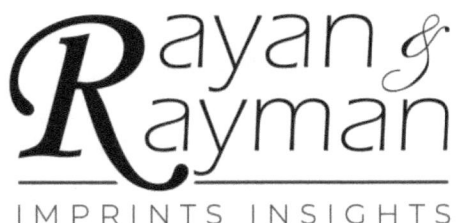

www.ingramcontent.com/pod-product-compliance
Lightning Source LLC
LaVergne TN
LVHW041844070526
838199LV00045BA/1436
* 9 7 8 9 8 1 1 4 0 8 2 5 0 *